8° Y tʰ 1809

LE BAVARD

ET

L'ENTÊTÉ,

COMÉDIE

EN UN ACTE ET EN VERS,

Représentée pour la première fois, à Paris, au Théâtre de l'Odéon, par les Comédiens de Sa Majesté l'Impératrice, le 31 août 1809.

PAR MM. BARJAUD et D***.

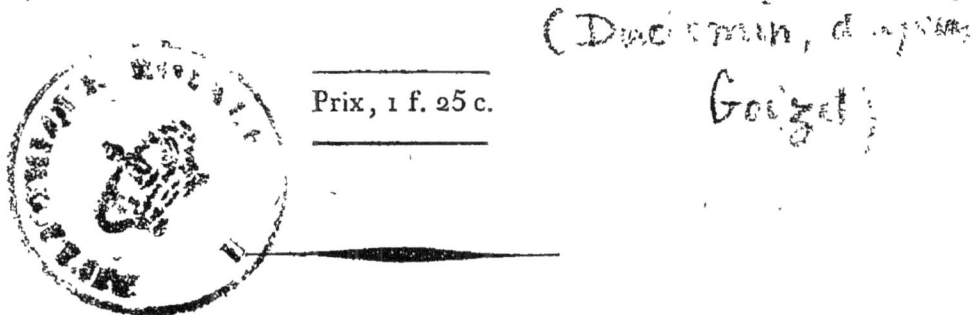

Prix, 1 f. 25 c.

A PARIS,

Chez MARTINET, Libraire, rue du Coq, n°s 13 et 15.

IMPRIMERIE DE CHAIGNIEAU AÎNÉ.
1809.

PERSONNAGES.	ACTEURS.
M. LACOUR, bavard.	M. Perroud.
FLORVILLE, entêté.	M. Firmin.
DERVAL, ami de Florville.	M. Leborne.
SAINT-CLAIR, intrigant.	M. Cammaille-Saint-Aubin.
JENNI, fille de M. Lacour.	Mlle Degotti.

La Scène se passe chez M. Lacour.

LE BAVARD

ET

L'ENTÊTÉ,

COMÉDIE.

~~~~~~~~~~~~~~~~~~~~~~~~

SCÈNE PREMIÈRE.

DERVAL, FLORVILLE.

DERVAL.

Encor même défaut; je t'ai l'ai dit, Florville
Ton cœur en amitié fut toujours trop facile.
On abuse aisément de ta crédulité;
Les fripons ont souvent un air de probité.
Tu n'as pas sur Saint-Clair conçu le moindre doute ?
Eh bien ! on le dit prêt à faire banqueroute.

FLORVILLE.

Cela ne se peut pas.

DERVAL.

Mais c'est un bruit qui court.

FLORVILLE.

Aux propos des méchans un honnête homme est sourd.
De se déshonorer Saint-Clair est incapable.

DERVAL.
Mais il veut s'enrichir.
FLORVILLE.
Par un moyen coupable ?
Jamais.
DERVAL.
Pour ses pareils il n'est rien de honteux :
Ils sont justifiés sitôt qu'ils sont heureux.
Tu ne sais pas prévoir jusqu'où va leur adresse...
FLORVILLE.
Hier, il m'assura de sa délicatesse.
DERVAL.
S'il t'en reparle encor, je te prédis malheur.
FLORVILLE.
Il me dit tous les jours qu'il est homme d'honneur.
DERVAL.
Prends garde à toi.
FLORVILLE.
Sur-tout pendant cette semaine,
Il m'a fait amitié.
DERVAL.
Ta ruine est certaine.
FLORVILLE.
Non, non, je ne puis croire à tant de fausseté ;
Saint-Clair me préviendrait, et sa sincérité....
DERVAL.
Ah Dieu ! mon cher ami, tu connais bien les hommes !
Tu nous fais trop d'honneur à tous tant que nous sommes.
Saint-Clair, je le répète, a de secrets desseins :
Ta fortune en partie est placée en ses mains ;
L'autre par ses projets n'est pas moins compromise ;
Et lorsqu'il t'associe à plus d'une entreprise,

Il prévoit qu'à la fin, trompant ta bonne foi,
Pour lui sera le gain, et la perte pour toi.

FLORVILLE.

Quoique tu puisses dire, il a ma confiance;
Je dois m'en rapporter à son expérience.
Par moi-même, après tout je saurai le juger,
Et s'il en existait, je verrais le danger;
Mais de lui je suis sûr, sur lui je me repose,
Et j'aurai tort tout seul si je perds quelque chose.

DERVAL.

Nous verrons si bientôt Saint-Clair..... Mais le voici;
Je pourrais vous gêner, je m'éloigne d'ici.

FLORVILLE.

Pourquoi te retirer ?

DERVAL.

Je lui cède la place.

FLORVILLE.

Comment ?

DERVAL.

De mes avis je veux te faire grace.
(A part.)
De son banquier tâchons d'éclairer les projets,
Et prenons plus que lui soin de ses intérêts.

(Il sort.)

SCÈNE II.

FLORVILLE, SAINT-CLAIR.

FLORVILLE, à part.

Ah ! vous voici Saint-Clair ! Il faut avec adresse
Chercher à m'assurer de sa délicatesse.

SAINT-CLAIR.

Eh ! bien, mon cher ami, comment vont les amours ?
Vous épousez, dit-on, Jenni dans quelques jours.

FLORVILLE.

Nous nous sommes brouillés.

SAINT-CLAIR.

     Brouillés ? Quelle est la cause ?
Serait-ce sérieux ?

FLORVILLE.

    Non, c'est pour peu de chose.
Selon ce qu'elle dit, je suis trop de moitié
Confiant en amour ainsi qu'en amitié :
J'ai de tout mon pouvoir soutenu le contraire ;
Elle répond, j'insiste, elle sort en colère....
Je n'ai pu réussir à la persuader.

SAINT-CLAIR.

Vous avez tort, Florville, et vous deviez céder.
Aux contradictions les femmes sont rebelles ;
Il ne faut pas toujours avoir raison près d'elles.
En ami, de cela je puis vous avertir ;
Car me reprendre, moi, c'est me faire plaisir.

FLORVILLE, *l'examinant*.

De toute feinte aussi mon ame est offensée ;
Je hais l'homme qui garde une arrière-pensée.

SAINT-CLAIR.

Je n'ai pas ce défaut ; je ne l'aurai jamais :
On sait que ma franchise est portée à l'excès.
Au reste votre faute est, je crois, pardonnable,
Et bientôt vous verrez Jenni plus raisonnable ;
Vous ferez votre paix. Un amant à genoux
D'une femme aisément désarme le courroux.
Mais nous avons, mon cher, à parler d'autre chose ;
L'entreprise va bien, tout au mieux se dispose ;
Je hasarde des fonds, mais en homme prudent ;

Je réponds du succès.

FLORVILLE.

On m'a dit cependant......

SAINT-CLAIR.

Florville, vous pourriez croire la médisance,
Aux discours de l'envie ajouter confiance ?
Par de vaines frayeurs seriez-vous arrêté ?
La crainte suit toujours la médiocrité.
On blâme, direz-vous, mes projets et les vôtres ;
Qui n'a pu les former les blâme dans les autres,
Et pour quelle raison ? Sous le prétexte vain
Que le gain est douteux et le péril certain !

FLORVILLE.

Il est des gens pourtant dont l'adroite science
Met souvent à profit notre inexpérience.

SAINT-CLAIR.

(A part.) (Haut.)
Aurait-il des soupçons ? J'en conviens, mon ami,
A Paris un fripon ne l'est pas à demi ;
Mais par quelques endroits bientôt son ame s'ouvre,
On le voit à travers le masque qui le couvre :
Vous le trouvez toujours prodigue de sermens,
Se parant à vos yeux des plus beaux sentimens,
Probe dans ses discours, généreux en promesses,
Et pour mieux vous voler vous comblant de caresses.
La vérité n'a pas un air si fastueux ;
Son langage est plus simple, et persuade mieux :
Retenez cet avis ; il est prudent et sage,
Et dans l'occasion vous en ferez usage.

FLORVILLE, à part.

Non, non, Saint-Clair ne peut tromper ma loyauté,
Eprouvons cependant sa générosité.

(Haut.)
Du succès avec vous j'accepte l'espérance ;

Mais s'il faut d'autres fonds, je vous fais confidence.....

SAINT-CLAIR.

Vous en manquez, Florville ? eh bien ! j'en ai pour deux.
Ma fortune est à vous : mille fois trop heureux
Si mon ami consent à faire ce partage !
Eh ! pourrais-je jamais tenir d'autre langage ?
Dans les biens, dans les maux nous sommes de moitié,
Ce sont là les devoirs, les droits de l'amitié !

FLORVILLE, *lui prenant la main.*

Je suis content de vous Saint-Clair.... C'est pour la vie ;
Je sens de vos discours que mon ame est ravie.
On voulait cependant vous noircir à mes yeux....

SAINT-CLAIR.

Vous croiriez ?....

FLORVILLE.

Vous avez, mon cher, des envieux ;
Leur langage est pour moi facile à reconnaître.

SAINT-CLAIR.

La calomnie encor me poursuivra peut-être.
Des traits envenimés qu'elle lance sur nous
On n'est pas toujours sûr de détourner les coups ;
Mais vous me connaissez, et quoi qu'elle m'apprête ;
Sans crainte je pourrai par-tout lever la tête ;
Je suis homme d'honneur.

FLORVILLE.

De votre probité,
Malgré tous les propos, je n'ai jamais douté.
Oui, nous serons toujours amis comme nous sommes....

SAINT-CLAIR.

Vous êtes le plus franc ou le plus faux des hommes,
(A part.)
Florville. Je le tiens.

FLORVILLE, *à part.*

Ah ! j'aurais eu bien tort

De croire de Derval l'infidèle rappport.
SAINT-CLAIR, *à part.*
Ce n'est pas le moment de faire une demande.
(*Haut.*)
Chez monsieur Durocher il faut que je me rende,
Dans une heure au plus tard ayez soin d'y venir.
J'ai cru du rendez-vous devoir vous avertir. (*Il sort.*)

SCÈNE III.
FLORVILLE, *seul.*

Ainsi ce qu'on m'a dit n'était pas véritable :
Je n'ai pas la douleur de le trouver coupable.

SCÈNE IV.
FLORVILLE, M. LACOUR.

LACOUR.
Eh ! mon gendre futur, pourquoi diable, dis moi,
Vas-tu mettre ma fille en couroux contre toi ?
Comment donc ? se fâcher avant d'être en ménage !
C'est s'emparer trop tôt des droits du mariage.

FLORVILLE.
J'en conviens, mais pourtant....

LACOUR.
                      Je ne t'excuse point,
Je dois te condamner comme elle sur ce point.
Ma fille, à qui déja tu résistes d'avance,
N'a pas eu le crédit de t'imposer silence !
Par ma foi, ton ménage ira bien, j'en réponds,
Si de parler toujours tu te donnes les tons.

FLORVILLE.
Oui, mais....

LACOUR.

Sur cet article une femme est sévère ;
On ne peut sans péril la forcer à se taire.
Au sexe il est permis, tu sais, de bavarder ;
C'est un droit dont il use, et qu'il faut lui céder.
Une femme, vois-tu, de même qu'une fille,
Ne songe pas à mal pendant qu'elle babille.

FLORVILLE.

Mais, monsieur....

LACOUR.

Mon enfant, nous devons lui prêcher
D'exemple les vertus qu'elle doit rechercher ;
Devant elle sur-tout il faut savoir se taire.

FLORVILLE, *à part.*

Peste ! vous n'avez pas ce talent-là, beau père.

LACOUR.

On sait que pour avoir la paix dans la maison,
A la femme toujours il faut donner raison.
Vous ne possédez pas ce qui plaît tant aux dames,
Mon gendre, et vous n'irez pas loin auprès des femmes.

FLORVILLE.

Vous vous trompez, monsieur ; mais permettez enfin....

LACOUR.

Ce n'est pas tout encor, puisque je suis en train,
Je ne veux pas ici d'un mot te faire grace.

FLORVILLE, *à part.*

Serai-je donc forcé d'abandonner la place ?
  (*Haut.*)
Monsieur....

LACOUR.

On dit....

FLORVILLE.

Monsieur....

LACOUR.

Laisse-moi donc parler.
On dit que par Saint-Clair tu te laisses voler,
Que pour mieux t'abuser à toute heure il t'assiége,
Et que, les yeux fermés, tu donnes dans le piége.
Pour époux à Jenni je t'avais destiné,
Mais moi, je ne veux pas d'un gendre ruiné.
Vous ferez des enfans, et beaucoup, c'est l'usage ;
D'ailleurs c'est le plaisir, le bonheur du ménage.
Eh bien! si tu prétends, avant qu'ils soient venus,
Manger ainsi le fonds avec les revenus,
Que feras-tu, dis-moi, touchant à la misère,
Des petits citoyens dont tu seras le père ?
Quel moyen, n'ayant pas une bonne maison,
De marier ta fille et pousser ton garçon ?
Réponds-moi donc, morbleu! Je viens de te confondre.

FLORVILLE.

Eh ! vous ne laissez pas le temps de vous répondre.

LACOUR.

De ton ami Saint-Clair tu dois te défier.

FLORVILLE.

Ah! c'est à moi, monsieur, de le justifier ;
Et dussé-je un instant vous forcer au silence,
Je prétends au grand jour montrer son innocence.
Oui, je prends hautement son parti contre vous.

LACOUR.

Mais écoute, ou morbleu, je me mets en courroux.
Ses discours.....

FLORVILLE.
Ils sont francs.

LACOUR.
Ses mœurs....

FLORVILLE.

       Irreprochables.

LACOUR.

Ses calculs....

FLORVILLE.

 Sont certains.

LACOUR.

      Ses projets....

FLORVILLE.

       Raisonnables.

LACOUR.

Son amitié....

FLORVILLE.

 Sincère.

LACOUR.

     Enfin veux-tu cesser ?
Tu m'interromps toujours, et je ne puis placer
Un pauvre petit mot.

FLORVILLE.

     Osez-vous, sans l'entendre,
Condamner un absent, qui ne peut se défendre ?
Je dois parler pour lui, comme il ferait pour moi ;
Oui, Saint-Clair, j'en suis sûr....

LACOUR.

      Veux-tu m'entendre, toi ?

FLORVILLE.

Je vous dis que Saint-Clair....

LACOUR, *le secouant.*

     Par la corbleu, mon gendre,
Ou de force ou de gré je me ferai comprendre.

FLORVILLE, *pendant qu'on le secoue.*

Je vous dis que Saint-Clair ne saurait me tromper.

LACOUR.

Je te dis que Saint-Clair est prêt a te duper.

SCÈNE V.

Les précédens, JENNI.

JENNI, *à part.*

Florville est en dispute encore avec mon père ;
Ne cessera-t-il point de le mettre en colère ?

LACOUR.

Ah ! te voici, ma fille ?

JENNI.

Eh ! messieurs, qu'avez-vous,
Et quel est le sujet d'un semblable courroux ?

LACOUR.

Saint-Clair !

FLORVILLE.

En lui, monsieur ne voit....

LACOUR.

Qu'un homme à pendre.

FLORVILLE.

Plus vous l'accuserez, plus je dois le défendre.
De sa délicatesse et de sa bonne foi
Vous serez convaincu, jespère, autant que moi.
Je vais le retrouver, et bientôt, je vous jure,
Je vous en offrirai la preuve la plus sûre.
(*Il fait quelques pas pour sortir.*)

LACOUR.

En sa faveur jamais tu ne prouveras rien ;
Ton Saint-Clair te ruine et n'est qu'un franc vaurien.

FLORVILLE, *revenant.*

Eh bien ! moi, je prétends....

LACOUR.

Eh bien ! moi, je répète
Que tu n'auras toujours qu'une mauvaise tête.

FLORVILLE.

Je n'en soutiens pas moins....

LACOUR.

Peste de l'entêté !
Tiens, par tous ces discours je me sens irrité.

FLORVILLE.

Vous ne voulez donc pas...?

LACOUR.

Je ne veux plus t'entendre.
(Il pousse Florville vers la porte.)
Sors vîte ; à te convaincre il ne faut plus prétendre.
La dispute avec toi d'ailleurs est sans appas ;
Quel plaisir de parler à qui n'écoute pas ?
(Florville sort.)

SCÈNE VI.

LACOUR, JENNI.

JENNI.

D'un premier mouvement Florville n'est pas maître,
Bientôt de son erreur il reviendra peut-être :
Sa faute est de son âge ; aisément il prend feu....

LACOUR.

Comment ? de m'interrompre il se faisait un jeu.

JENNI.

Mon père, j'en conviens, il a des torts sans doute.

LACOUR.

Quand je prends la parole, il faut que l'on m'écoute.
Je n'entends rien d'abord de tout ce qu'on me dit ;

Moins on me parle, et plus je crois qu'on a d'esprit.
Va, ce n'est plus l'époux à qui je te destine....

JENNI.

Comment?

LACOUR.

Je ne veux pas d'un homme qu'on ruine
Et d'un gendre qui parle.

JENNI.

Eh! mon père!

LACOUR.

Tais-toi!

JENNI.

Quoi! mon sexe est aussi compris dans cette loi?

SCÈNE VII.

Les précédens, DERVAL.

DERVAL.

Florville à nos avis enfin sera docile,
De le désabuser il nous sera facile;
J'ai des preuves en main, monsieur Lacour....

JENNI.

Vraiment?

LACOUR.

Qu'on ne me parle plus d'un pareil garnement;
Qu'on ne m'en parle pas, entendez-vous, ma fille?
Je ne veux plus le voir entrer dans ma famille.
Avec moi jusqu'au bout monsieur a disputé;
Tout Breton que je suis, j'étais moins entêté....
Il devait m'écouter; car pour me bien comprendre
On n'a besoin, morbleu! que de pouvoir m'entendre.

DERVAL.

Regardez ces papiers que je viens d'apporter;
A l'évidence enfin il ne peut résister.

JENNI.

Des lettres !

DERVAL.

Elles sont d'une telle nature,
Que nous n'aurons jamais une preuve plus sûre.

JENNI.

Mon père, à la raison on peut le rappeler ;
Il faut revoir Florville, il faut lui reparler.

LACOUR.

Qui ? moi ! lui reparler ! ma fille, qu'est-ce à dire ?
A mes dépens, ici, je crois que l'on veut rire.
Un homme comme moi revenir le premier !
Ne faut-il pas encor que j'aille le prier ?
Non, je n'en ferai rien.

JENNI.

Revoyez-le, mon père ;
C'est en vous désormais, en vous seul que j'espère.

LACOUR.

Non, non.

DERVAL.

Ce n'est qu'à vous, monsieur, qu'il peut céder,
Vous avez ce qu'il faut pour le persuader.

LACOUR.

Encore une fois, non.

JENNI.

Hasardez cette épreuve ;
D'éloquence souvent vous nous avez fait preuve.

DERVAL.

Personne mieux que vous, avec plus de clarté,
Ne distingue le faux d'avec la vérité.

JENNI.

Vous avez, je l'ai vu, dans mainte circonstance,
L'art de porter les faits jusques à l'évidence ;

Il règne en vos discours une heureuse chaleur ;
Vous subjuguez l'esprit et vous touchez le cœur.

LACOUR.

Tu penses donc que j'ai quelque peu d'éloquence ?
Que d'un raisonnement je suis la conséquence ?
Je conserve, tu crois, à mon âge ce feu
Qu'on a dans la jeunesse, et qui dure si peu ?

JENNI.

Ah ! mon père !

DERVAL.

Ah ! monsieur !

LACOUR.

Il est vrai, je possède
Certain talent qui fait que souvent l'on me cède ;
Mon discours a du nerf ; concis, mais vigoureux ;
Des choses, peu de mots, mais d'un sens rigoureux.
Je ne suis pas de ceux qui parlent sans rien dire,
Et sur l'art de parler, moi, je pourrais écrire.
Vous seriez donc d'avis...?

JENNI.

Oui, mon père.

LACOUR.

Tu crois
Que Florville ne peut résister à ma voix ?

DERVAL.

Montrez-lui ces papiers, et gagnant la victoire,
Vous en viendrez, monsieur, à votre honneur et gloire.

LACOUR.

Florville est cependant diablement entêté ;
Mais par si peu de chose on n'est pas arrêté.
S'il crie, eh ! je crierai plus fort que lui, j'espère.
Nous verrons qui pourra forcer l'autre à se taire.

DERVAL.

Mais ce n'est pas ainsi qu'on prouve le bon droit.

LACOUR.

Allons, je vous promets de garder mon sang-froid.
Mais s'il n'écoute pas, s'il n'est pas raisonnable,
Je le laisse parler, et je l'envoie au diable.

DERVAL.

De ces trois lettres-ci, la première est sans nom,
La seconde est signée, et l'autre...

LACOUR.

Est du fripon?

DERVAL.

Oui, de Saint-Clair lui-même. En vos mains je les laisse.

LACOUR.

Bien, bien, je vous entends. Comptez sur mon adresse.

(*Il parcourt les lettres.*)

DERVAL, *à Jenni.*

Je vais chercher encor des éclaircissemens;
Un ami m'a promis d'autres renseignemens.

LACOUR.

C'est bien; de l'intrigant la fourberie est claire,
La preuve est évidente, et j'en fais mon affaire.
Je réponds du succès avec juste raison;
Je convaincrai Florville, où j'y perdrai mon nom.

JENNI.

Dans mon appartement ainsi je me retire.

DERVAL.

De ce que j'aurai su je viendrai vous instruire.

LACOUR.

Allez, à mes discours s'il réplique un seul mot,
Tenez-vous-le pour-dit, je ne serai qu'un sot.

(*Jenni et Derval sortent.*)

SCÈNE VIII.

LACOUR, *seul*.

Non, je n'aurai pas lieu de me mettre en colère ;
Florville enfin va prendre un parti salutaire.
De remplir ma promesse il faut me dépêcher.
Mais je n'ai pas besoin de courir le chercher,
Le voici.

SCÈNE IX.

LACOUR, FLORVILLE.

LACOUR.

Mon enfant, chez toi j'allais me rendre ;
J'ai sur monsieur Saint-Clair quelque chose à t'apprendre.

FLORVILLE.

C'est le même sujet qui m'amenait ici ;
De Saint-Clair avec vous je viens parler aussi.

LACOUR.

Eh bien ! qu'en penses-tu ?

FLORVILLE.

Toujours la même chose.

LACOUR.

De te faire changer pourtant je me propose ;
Tu changeras.

FLORVILLE.

Jamais ; que peut-on dire enfin
Quand de sa probité j'ai les preuves en main ?
Tenez, jetez les yeux sur sa feuille de compte,
Regardez.

LACOUR.

Allons donc, tout cela n'est qu'un conte ;

Je sais que pour tromper il est intelligent....
Il donne des papiers, mais il garde l'argent.

FLORVILLE.

Ah! que vous savez mal juger un honnête homme!
J'ai touché ce matin une assez forte somme,
Qu'il m'a fait, je vous jure, accepter malgré moi,
Sans rien garder pour lui.

LACOUR.

Le coquin! par ma foi,
Il sait bien son métier, il l'entend à merveille.
Mais puisque tu t'endors, il faut que je t'éveille.
On voit rouler sur l'or Saint-Clair qui n'avait rien....

FLORVILLE.

Ah! ce pauvre Saint-Clair!

LACOUR.

Est riche de ton bien,
Et te fera dans peu jouer un vilain rôle.
Il t'abuse, il te trompe, il te pille, il te vole...

FLORVILLE.

Il me vole.... La preuve?

LACOUR.

Ah! je t'attendais là.
Ecoute, tu n'auras rien à dire à cela.

« A M. Derval, etc. Monsieur, votre ami Florville s'est lié
« depuis quelque temps avec un homme perdu de dettes.
« Cet homme est déja connu pour avoir profité de l'inex-
« périence de quelques jeunes gens aussi imprudens que
« monsieur votre ami. Nous pensons que vous prenez assez
« d'intérêt à ce qui regarde M. Florville pour l'avertir du
« péril qui le menace. Nos avis, dont il aurait fait peu de
« cas si nous les lui eussions adressés directement, feront
« sur lui plus d'impression sans doute, lorsqu'ils les recevra
« de la bouche d'un ami dont le zèle et l'attachement lui
« sont connus. »

Maintenant je triomphe. Eh bien ! mon cher Florville,
Je n'ai pas pris, je crois, une peine inutile,
Et ces preuves, je dis...

FLORVILLE.

Ne prouvent rien du tout.

LACOUR.

As-tu juré, morbleu ! de me pousser à bout ?
Elles ne prouvent rien ?

FLORVILLE.

Non, rien. Bien au contraire.

LACOUR.

Mais elles ne sont pas en sa faveur, j'espère ?

FLORVILLE.

Elles prouvent pour lui.

LACOUR.

Comment diable ? pour lui ?
Or çà, me prends-tu donc pour un sot, aujourd'hui ?

FLORVILLE.

Je ne dis pas cela.

LACOUR.

Mais tu le ferais croire.
Est-ce que je radote et te fais une histoire ?
Dans cette lettre enfin...

FLORVILLE

Mais quel en est l'auteur ?

LACOUR.

Elle n'est pas signée.

FLORVILLE.

Elle est d'un imposteur.
Un lâche seul écrit une lettre anonyme ;
On se cache toujours pour commettre le crime.
Un tel avis par moi doit être rejeté ;

C'est en face qu'il faut dire la vérité.
Le fourbe, choisissant le chemin le plus sombre,
Vous attend en silence et vous frappe dans l'ombre;
L'honnête homme, intrépide et marchant sans détour,
Attaque ouvertement et poursuit au grand jour.

LACOUR.

J'en suis tout stupéfait.... la chose est singulière.
De Saint-Clair la conduite est donc très-régulière ?
Et parce qu'à la lettre on n'a pas mis son nom,
En honnête homme ainsi tu changes un fripon ?

FLORVILLE.

Oui, d'un pareil complot mon ame est indignée.
Monsieur Lacour, je veux une lettre signée.

LACOUR.

Une lettre signée ? eh bien ! soit, mon enfant.
Ah! pour le coup, morbleu! me voilà triomphant.

FLORVILLE.

Comment ? que dites-vous ?

LACOUR.

          Oui, je suis en mesure,
Et j'avais une lettre avec sa signature.
Tiens, prends, lis....
    (*Florville lit.*)
          Qu'en dis-tu ? tu reconnais la main ?
C'est bien d'un honnête homme. Il suit droit son chemin.
Celui-là n'a pas peur de se faire connaître....
De fourberie encor tu l'accuses peut-être ?...
Florville, est-ce une preuve ?

FLORVILLE.

          En faveur de Saint-Clair.

LACOUR.

En faveur de Saint-Clair ! ah ! de par Lucifer,
Tu me ferais, je crois, donner à tous les diables.
Quoi ! refuser de croire à des preuves semblables !

Les tourner contre moi lorsque l'on a signé !
Quand Saint-Clair pour un traître est si bien désigné !

FLORVILLE.

Ce témoignage est faux et je ne puis l'admettre,
Je sais quel est celui qui signa cette lettre ;
De cet homme Saint-Clair m'a quelquefois parlé ;
Parmi ses ennemis il me l'a signalé :
Mais il est au-dessus de cette calomnie.
Pour convaincre à mes yeux Saint-Clair de perfidie
Il faudrait me montrer un écrit de sa main.

LACOUR.

Un écrit de Saint-Clair ! nous y sommes enfin.
Allons, mon cher enfant, tiens, j'ai là ton affaire ;
Jamais du premier coup je ne me désespère.
Voici de quoi trancher tous discours superflus.
Je le savais bien, moi, que j'aurais le dessus.

FLORVILLE *lit difficilement.*

« Mon cher Alexandre, l'affaire va bon train ; c'est une bonne dupe que tu m'as adressée : j'en tirerai le meilleur parti possible. Je ne te verrai pas de la semaine. Je ne puis faire d'absence ; tu en devines la cause. Excuse mon griffonnage, je t'écris à la hâte. C'est tout au plus si tu pourras me déchiffrer. Ton ami Saint-Clair. »

LACOUR.

On ne résiste pas à de telles épreuves.
Eh bien ! parle, réponds. Ce sont de bonnes preuves.

FLORVILLE.

En faveur de Saint-Clair.

LACOUR.

Ah ! mon dieu ! que dis-tu ?
Suis-je bien éveillé ? l'ai-je bien entendu ?
En faveur de Saint-Clair ! Où donner de la tête ?
As-tu perdu l'esprit, ou moi suis-je une bête ?
Mon ami, mon garçon, veux-tu le répéter ?

FLORVILLE.

Oui, certes.

LACOUR.

Tu prétends sans doute plaisanter?
Sois donc de bonne foi; n'est-ce pas? c'est pour rire?

FLORVILLE.

Non, non, je ne ris point.

LACOUR.

Tu ne sais donc pas lire?
Car enfin, si tu peux seulement épeler,
Tu dois savoir le sens et te le rappeler.
Confesse-toi vaincu; la lettre....

FLORVILLE.

Est contrefaite.

LACOUR.

O ciel! ô Dieu!

FLORVILLE.

Faut-il que je vous le répète?

LACOUR.

Cette lettre n'est pas de la main de Saint-Clair?
L'un ou l'autre, morbleu! nous n'y voyons pas clair.

FLORVILLE.

Cette écriture-là de moi n'est pas connue.

LACOUR.

Je la reconnais bien, moi qui ne l'ai pas vue....
Qui l'ai vue une fois ou deux légèrement.

FLORVILLE.

Saint-Clair sait bien écrire, et très-lisiblement :
A peine si l'on peut déchiffrer cette lettre.
Encore un ennemi qui vous l'a fait remettre.
Celui qui l'a dictée agit en homme fin,
Et j'admire sur-tout le détour de la fin.

LACOUR.

Moi, je t'admire aussi. Par la corbleu! mon gendre,
De se mettre en courroux l'on ne peut se défendre.
Je leur avais promis de parler doucement,
Mais qui tiendra jamais à cet entêtement?
J'ai besoin de crier, je veux faire tapage,
Il faut que je tempête et que je me soulage.
Va; défends ton Saint-Clair, défends sa probité,
Tu ne seras jamais qu'un fou, qu'un entêté.
Puisque tu ne crois pas les avis qu'on te donne,
A ton mauvais destin enfin je t'abandonne.
J'ai grand tort d'avoir pris tes intérêts à cœur.
Je te quitte, et te donne au diable. Serviteur.

(Il sort.)

SCÈNE X.

FLORVILLE *seul*.

Tant d'obstination a droit de me surprendre.
Morbleu! je tiendrai bon et ne veux pas me rendre.

SCÈNE XI.

FLORVILLE, LACOUR, *revenant*.

LACOUR.

Çà plus de mariage, entends-tu? c'est fini.
Oui, tu peux renoncer à la main de Jenni.
De faire un autre choix je vais lui donner l'ordre.
Je n'en démordrai pas, je n'en veux pas démordre.

FLORVILLE.

Je trouverai, je crois, moyen de l'appaiser.

LACOUR, *revenant*.

Dis donc, mon cher ami, ne vas pas t'abuser;
Ne crois pas que vers toi ma bonté me ramène,

J'ai pour les entêtés une effroyable haine ;
Je veux que de cela tu sois persuadé.
Aux plus hardis bavards je n'ai jamais cédé.
  (*Il fait quelques pas et se retourne.*)
Aisément je pourrais te crier aux oreilles :
Je ne veux pas user de ressources pareilles ;
Tu me connais d'ailleurs, tu sais que quand il faut,
J'ai la langue facile et le verbe assez haut ;
Mais je fais peu de cas d'un moyen si vulgaire.
Le talent de parler cède à l'art de se taire. (*Il sort.*)

SCÈNE XII.

FLORVILLE *seul.*

Ce cher monsieur Lacour ! comme il est obstiné !
Mais tout ce qu'il a dit ne m'a pas étonné,
Et Saint-Clair sur cela m'a prévenu d'avance.
Pour le perdre à mes yeux on est d'intelligence ;
Tout le monde s'acharne à le persécuter ;
A le défendre aussi, moi, je veux m'entêter.
Il en viendrait lui-même à s'avouer coupable,
Que j'en exigerais la preuve incontestable.

SCÈNE XIII.

FLORVILLE, JENNI.

FLORVILLE.

Ah ma chère Jenni, votre père à l'instant
Jurait de me priver du bonheur qui m'attend,
Daignez en ma faveur lui reparler. J'espère
Que vous réussirez à calmer sa colère.

JENNI.

De votre entêtement il a du se piquer ;
Mais tout peut s'arranger et je vais m'expliquer.

Je viens vous proposer le parti qu'il faut prendre.

FLORVILLE.

Doutez vous...?

JENNI.

Jusqu'au bout Florville, il faut m'entendre.
Vous pouvez de mon père adoucir le courroux ;
Mais si vous refusez ce que j'attends de vous,
Je romps décidément ; oui, je vous le déclare,
Sans espoir de retour de vous je me sépare.

FLORVILLE.

Pouvez-vous m'imposer une trop dure loi ?
Eh bien ! parlez Jenni, qu'attendez-vous de moi ?

JENNI.

Que vous quittiez Saint-Clair.

FLORVILLE.

Qui ? Saint-Clair ?

JENNI.

Oui, lui-même.

FLORVILLE.

Moi ! rompre avec Saint-Clair, qui m'estime et qui m'aime ;
Vous voulez...?

JENNI.

Je l'exige.

FLORVILLE.

Et que vous a-t-il fait ?
La raison, le motif ?

JENNI.

A mon père il déplaît.

FLORVILLE.

Quoi !

JENNI.

Je le hais aussi.

FLORVILLE.

Vous avez à vous plaindre ?

JENNI.

Non pas moi, mais de lui vous avez tout à craindre.

FLORVILLE.

Le connaissez-vous bien ?

JENNI.

Assez pour le juger.

FLORVILLE.

Vous pensez....

JENNI.

Qu'il est temps d'éviter le danger.

FLORVILLE.

C'est mon meilleur ami.

JENNI.

Vous n'avez pas, Florville,
D'ennemi plus cruel.

FLORVILLE.

L'accuser est facile.
Je demande une preuve.

JENNI.

On peut vous la donner;
Mais rien à la raison ne peut vous ramener.
Vous savez qu'il vous trompe et qu'il vit d'industrie.

FLORVILLE.

Brisons sur ce sujet.

JENNI.

Non, monsieur, je vous prie.
J'attends une réponse avant de vous quitter.

FLORVILLE.

De fripon, de voleur, irai-je, le traiter ?

JENNI.

Vous pouvez lui parler sans employer ce style:
De rompre avec les gens il n'est pas difficile.
Je ne dis plus qu'un mot; à l'instant, je le veux,
Il faut vous décider et choisir de nous deux.

SCÈNE XIV.

Les précédens, SAINT-CLAIR.

FLORVILLE.

Le voici.

JENNI, *à part*.

Maintenant sur-tout, point de faiblesse.

FLORVILLE, *à Jenni*.

Saint-Clair vient me chercher, pardon si je vous laisse.

JENNI.

Non, monsieur, s'il vous plaît, de grace, un seul moment.

SAINT-CLAIR.

Eh! mon ami, pourquoi sortir si promptement?
Je suis vraiment charmé de voir mademoiselle;
Je la trouve toujours plus aimable et plus belle.

JENNI.

De vous voir de retour je suis contente aussi,
Monsieur, votre présence est importante ici.

SAINT-CLAIR.

Parlez, belle Jenni; dites, que puis-je faire?
Nul autre plus que moi n'est jaloux de vous plaire.

JENNI, *à Florville*.

De notre sort, monsieur, vous allez décider,
Cette explication ne peut se retarder;
Je vous propose encor la même alternative.
Puisque fort à propos monsieur Saint-Clair arrive,

Entre nous deux il faut prononcer aujourd'hui ;
Renoncer à ma main, ou bien rompre avec lui.

SAINT-CLAIR.

Je suis, je l'avouerai, surpris de ce langage.

FLORVILLE.

Saint-Clair, ne croyez pas qu'à cela je l'engage.

JENNI.

Il a raison, moi seule ai formé ce projet.

SAINT-CLAIR.

De ce retour subit quel est donc le sujet ?

JENNI.

Je ne puis m'expliquer ; vous, prononcez, Florville.

SAINT-CLAIR.

Ce choix, mademoiselle, est sans doute facile ;
Lorsqu'entre vous et moi vous venez le placer,
Florville un seul moment pourrait-il balancer ?
Mais je suis étonné de ce qu'on lui propose,
Et l'on pourrait je crois, m'en expliquer la cause.

JENNI.

Si je me tais, monsieur, ne vous en plaignez pas ;
Vous blâmez mon silence, et l'approuvez tout bas.
Ne m'interrogez plus sur tout ce qui vous touche,
Vous savez le motif qui me ferme la bouche.

FLORVILLE, *à Jenni.*

Epargnez, je vous prie, un éclat indiscret.

SAINT-CLAIR.

De tout ce que j'entends vous faisiez un secret,
Monsieur Florville, eh bien ! ne soyez pas rebelle ;
Pour conserver le droit d'aimer mademoiselle,
A ses commandemens soyez toujours soumis.
On ne vous permet pas de garder vos amis.

JENNI.

Je n'ai rien dit, monsieur, des amis de Florville;
Croyez-moi, vous prenez un détour inutile;
C'est vous, entendez bien, vous que mon père et moi....

FLORVILLE.

Eh quoi! mademoiselle, on m'impose une loi!
On veut qu'à mon ami, sans motif, je renonce!
Comme un traître, un ingrat, chacun me le dénonce!...
Il semble contre nous que l'on se soit ligué,
Et si j'avais pu l'être on m'aurait fatigué;
Mais je suis bien encore éloigné de me rendre;
A me pousser à bout l'on ne doit pas prétendre.
Enfin je tiendrai bon; si l'on est entêté,
On me contraint de l'être aussi de mon côté.

(*A Jenni.*)

Vous ne l'ignorez pas, dès long-temps je vous aime,
Pour moi vous épouser est le bonheur suprême;
Mais pourquoi, de Saint-Clair soupçonnant l'amitié,
Avec ses ennemis vous mettre de moitié?
Vous savez qu'en mes mains j'ai de quoi les confondre.
A vos discours, Jenni, comment puis-je répondre?
Je résiste, incertain, je cède tour-à-tour,
Et l'honneur me défend ce qu'ordonne l'amour.

SAINT-CLAIR.

Je ne pourrai toujours conjurer cet orage.
A me mettre à l'abri la prudence m'engage.

JENNI.

Je ne m'attendais pas à vous voir refuser
Le parti que mon cœur a dû vous proposer.
Je vois de votre amour ce qu'il faut que je pense;
Florville, on n'aime plus sitôt que l'on balance.

FLORVILLE.

Ah! de mes sentimens avez-vous pu douter?

JENNI.

Je vous laisse, monsieur.

FLORVILLE.

Mais pourquoi nous quitter ?

JENNI.

Vous n'écoutez, monsieur, les avis de personne,
Ni ceux de vos amis, ni ceux que je vous donne ;
N'en croyez que vous seul, je ne m'expose plus
A recevoir encor l'outrage d'un refus.
Je sors, car tout discours deviendrait inutile,
De votre entêtement l'orgueil est indocile.
Vous pouvez avec moi l'avouer sans détour,
L'amour-propre chez vous l'emporte sur l'amour.

FLORVILLE.

De grace...!

JENNI.

Non, monsieur ; d'ici je me retire.
Vous avez entendu ? je n'ai plus rien à dire.

(*Elle sort.*)

SCÈNE XV.

FLORVILLE, SAINT-CLAIR.

FLORVILLE.

Pardon, mon cher Saint-Clair.... Vous ne présumez pas...

SAINT-CLAIR.

N'y pensons plus. Il faut terminer ces débats.
Moi, je ne puis rester chez quelqu'un dont la haine
Sans aucune raison contre moi se déchaîne.

FLORVILLE.

Contre vous, qui pour moi vous êtes employé !

SAINT-CLAIR.

De tout ce que j'ai fait je suis assez payé.

A m'occuper de vous je passe la journée ;
Je vous verrai demain pendant la matinée.
    (A part.)
Faisons-lui sur-le-champ remettre le billet
Qu'à tout événement sur moi je tenais prêt.
                    (Il sort.)

SCENE XVI.

FLORVILLE seul.

Morbleu ! je suis content d'avoir fait résistance.
J'ai su devant Jenni me faire violence.
Il m'en coûtait beaucoup de ne pas lui céder....
Je n'aime pas qu'on ait l'air de me commander.
Ils ont cru me mener comme un homme ordinaire,
Mais je leur ai montré que j'ai du caractère.

SCÈNE XVII.

FLORVILLE, DERVAL.

DERVAL.

De plaisir, mon ami, je me sens transporté.

FLORVILLE.

Pourquoi, mon cher Derval, cette extrême gaîté ?

DERVAL.

Je viens d'un faux ami dévoiler la conduite,
Ta confiance en lui sera bientôt détruite ;
Ecoute seulement. Ce matin je suivais
Ce fourbe de Saint-Clair, qu'avec soin j'observais,
A l'un de ses pareils il faisait confidence
Des projets que sur toi formait son espérance.
Avec précaution je m'approchai de lui,
Et j'entendis ces mots : *J'ai besoin aujourd'hui*
D'être plus vigilant, de redoubler de ruse ;

Florville à chaque instant peut voir que je l'abuse;
Il a reçu déja maint avertissement;
Mais je me fie encore à son entêtement.

FLORVILLE.

Il n'a pas dit cela.

DERVAL.

Tu peux douter, Florville ?

FLORVILLE.

Saint-Clair pour me trahir n'a pas l'âme assez vile.

DERVAL.

Tu crois donc que je mens ?

FLORVILLE.

Je ne dis pas cela ;
Mais tu peux te tromper.

DERVAL.

Et tu prétends par-là ?

FLORVILLE.

Te prouver que souvent on peut très-mal entendre.

DERVAL.

Mais j'ai bien entendu.

FLORVILLE.

L'on peut ne pas comprendre.

DERVAL.

Mais j'ai, sois en bien sûr, compris parfaitement;
Il parlait assez haut, et très-distinctement.

FLORVILLE.

Quelque chose en passant aura pu te distraire.
Et tiens.... je parierais qu'il a dit le contraire.

DERVAL

Ah ! c'en est trop, Florville. As-tu donc oublié
L'amitié qui toujours avec toi m'a lié ?
Tu devrais me connaître. Et quel sujet m'engage

A venir de nouveau te tenir ce langage ?
Est-ce mon intérêt qui m'amène vers toi ?
Quel motif me conduit ? Florville, réponds-moi.
Tu donnes à Saint-Clair toute ta confiance !
Pourquoi donc entre nous faire une différence ?
Mon cœur te serait-il moins connu que le sien ?
Et s'il est ton ami, ne suis-je plus le tien ?
Tu crois à son serment quand ce serment t'abuse,
Tu dois me croire aussi lorsque ma voix l'accuse.
Je ne serais enfin qu'un étranger pour toi,
Qu'en jurant sur l'honneur, je suis digne de foi.
Je ne viens pas d'un fourbe ici jouer le rôle :
Toujours un honnête homme est cru sur sa parole.

FLORVILLE, *à part.*

De Saint-Clair, il est vrai.... je n'ai jamais douté....
Si Derval cependant disait la vérité...
Mais non... (*Haut.*) mon cher Derval tu n'es pas raisonnable.
Je ne puis.... j'en conviens.... croire Saint-Clair coupable....

SCÈNE XVIII.

LES PRÉCÉDENS, *un valet, apportant une lettre.*

FLORVILLE, *prenant la lettre.*

Que vois-je ? de Saint-Clair je reconnais la main.

DERVAL.

Que peut signifier ce message soudain ?

LE VALET.

Je viens de recevoir à l'instant cette lettre,
Qu'un inconnu, monsieur, m'a dit de vous remettre.
(*Il sort.*)

SCÈNE XIX.

FLORVILLE, DERVAL.

FLORVILLE, *lisant la lettre.*

« M. Durocher vient de se sauver de Paris. Tous les
« fonds placés entre ses mains sont perdus. Je me trouve
« aussi compromis dans cette affaire, et obligé de quitter
« la capitale. Je n'ai pas eu le courage de vous annoncer
« cette nouvelle de vive voix. Saint-Clair. »

Est-il possible ? O Dieu ! je n'en puis revenir....
Ce sont là de ces coups qu'on ne peut soutenir...
Saint-Clair.... Il me trompait !.... Quel affreuse lumière !
Et j'avais mis en lui ma confiance entière !...
Le malheureux ! ce trait égare ma raison.
Ah ! devais-je m'attendre à cette trahison ?
Un ami préparait le revers qui m'accable !
L'honneur n'est plus qu'un nom, la vertu qu'une fable.
Ah ! qu'à le retrouver je puisse parvenir,
Et ma juste fureur répond de le punir.
Mais devant moi jamais il n'osera paraître ;
La lâcheté sied bien avec l'ame d'un traître.

DERVAL.

Florville, comme toi je ressens ta douleur ;
Mais on peut, mon ami, réparer ce malheur.
Quelque imprévu que soit cet accident funeste,
Tu n'as pas tout perdu, puisque Derval te reste.

FLORVILLE.

Et Jenni, dont j'ai pu rejeter les avis !...
Je serais trop heureux de les avoir suivis.
Je me suis attiré la haine de son père,
Et de le désarmer mon ame désespère.
Que je suis malheureux !

DERVAL.

Eh ! mon ami, pourquoi
Te croire infortuné quand je suis avec toi ?
Un perfide, un ingrat, t'enlève ta fortune ;
Eh bien ! qu'entre nous deux la mienne soit commune ;
Moi, je dois te l'offrir ; tu dois la partager,
Florville, accepte encor mon bras pour te venger.

SCÈNE XX, et dernière.

LES MÊMES, LACOUR, JENNI, *qui s'approchent doucement, et écoutent.*

LACOUR, *bas à Jenni.*

Il ne sait pas pour lui ce que je viens de faire.

JENNI, *à Lacour.*

Son malheur a suffi pour calmer ma colère.

LACOUR.

Ah ! le pauvre garçon ! il paraît désolé ;
Mais tout changera bien lorsque j'aurai parlé.

FLORVILLE.

D'avoir perdu Jenni ma douleur est extrême ;
Ah ! maintenant sur-tout je sens combien je l'aime.

LACOUR, *à Jenni.*

Entends-tu ?

DERVAL.

Faut-il donc si vîte abandonner
L'espoir de l'adoucir et de la ramener.

FLORVILLE.

A mes regrets, j'espère, elle sera sensible ;
Mais son père....

LACOUR, *à part.*

Comment ?

DERVAL.

Il peut être inflexible.
Il ne pardonne plus, lorsqu'il est irrité.

LACOUR, *à part.*

Ouais !

FLORVILLE.

Je l'ai vu toujours pour moi plein de bonté.

DERVAL.

Il ne reviendra pas ; c'est moi qui te l'assure.

LACOUR, *haut.*

Vous vous trompez très-fort, c'est moi qui vous le jure.
Viens, ma fille, avec moi, consoler ton époux.

FLORVILLE.

Jenni ! monsieur Lacour ! ô ciel ! que dites-vous ?

JENNI.

Nous avons entendu vos regrets et vos plaintes,
Florville ; mon amour doit dissiper vos craintes.

LACOUR, *à Derval.*

Nous avons entendu de même vos discours ;
Si nous sommes bavards, nous ne sommes pas sourds.

DERVAL, *à part.*

Ah ! je ne croyais pas parler en sa présence.

JENNI.

Florville ne sait pas ce que pour lui....

LACOUR.

Silence.

(*A Florville.*)

Ecoute, et gardons-nous des discours superflus.
Ce n'était pas à toi que j'en voulais le plus ;
En sortant j'ai pensé que je pourrais peut-être
Eclaircir mes soupçons et démasquer le traître.
L'espoir de te sauver a fléchi mon courroux ;
Je devais à Saint-Clair porter les derniers coups ;

J'épiai tous ses pas. Bientôt j'appris en route
Qu'à l'heure où je parlais il faisait banqueroute.
Le péril menaçait, il fallait se presser;
Je ne perds pas de temps, je cours le dénoncer.
J'étais instruit déja du lieu de sa retraite;
On m'écoute, on le cherche, on le trouve, on l'arrête;
Enfin tu vas avoir, faisant parler tes droits,
Pour soutien la justice, et pour vengeurs les lois.

FLORVILLE.

Chère Jenni! monsieur! que de reconnaissance!

LACOUR.

De tout ce que j'ai fait je suis payé d'avance.

DERVAL.

Florville, ton ami partageait ta douleur;
Il prend part maintenant de même à ton bonheur.

JENNI.

Instruit, quoique bien tard, par votre expérience,
Une autre fois en moi vous aurez confiance.

LACOUR.

Moi, je suis satisfait; de tes torts tu conviens.
Je voulais obtenir cet aveu, je l'obtiens;
C'est tout ce qu'il me faut; je n'ai plus de colère;
Je te pardonne tout, et redeviens ton père.
Sois mon gendre, et sur-tout souviens-toi désormais
Qu'on peut être bavard; mais entêté, jamais.

FIN.

OUVRAGES NOUVEAUX qui se trouvent chez le mê Libraire.

Monval et Sophie, drame en trois actes et en vers, p Aude, 1 fr. 50 cent.

Les Avant-Postes du maréchal de Saxe, comédie en acte et en prose, mêlée de vaudevilles, par More et Dumolard, 1 fr. 25 cent.

M. Lamentin, ou la Manie de se plaindre, comédie un acte et en vers, par Dorvo, 1 fr.

Bon Naturel et Vanité, ou la Petite Ecole des Femme comédie en un acte et en vers, par Dumolard, 1 fr. 20

Le Cousin de tout le monde, comédie en un acte et prose, par Picard, nouvelle édition, 1 fr.

L'Ami de tout le monde, comédie en deux actes et e prose, par le même, 1 fr.

Le Mariage des Grenadiers, ou l'Auberge de Munich comédie en un acte et en prose, par le même, 1 fr.

Les Comédiens d'Angoulême, comédie en un acte e vers, par Ch. Maurice, auteur du Parleur éternel 1 fr. 25 cent.

L'Opinion du Parterre, ou Revue des Théâtres, sixièm année, 1809, 2 francs. Les cinq premières années s vendent chacune 2 fr.

Calembourgs et Jeux de Mots des Hommes Illustres, an ciens et modernes, précédés d'un Eloge historique, pa Auguste Couvret, 2 vol. in-12. 3 fr.

Des Glaires, de leurs Causes, de leurs Effets, et des indi cations à remplir pour les combattre, etc., par Doussin Dubreuil, 1 vol. in-8°., sixième édition, 2 fr. 50 c.

On trouve chez le même libraire une collection nombreuse de costumes d'acteurs de tous les Théâtres de Paris en différens rôles; ces gravures coloriées sont de grandeu à être mises à la tête des pièces, et se vendent 30 centime: chacune.

www.ingramcontent.com/pod-product-compliance
Lightning Source LLC
Chambersburg PA
CBHW060513050426
42451CB00009B/955